Fiche **philosophe**

Par Vincent Jung

Husserl

LePetitPhilosophe.fr

HUSSERL

- **Né en 1859 à Prossnitz (République tchèque)**
- **Décédé en 1938 à Fribourg-en-Brisgau (Allemagne)**
- **Quelques-unes de ses œuvres :**
  - *Recherches logiques* (1900-1901)
  - *Idées directrices pour une phénoménologie* (1913)
  - *Méditations cartésiennes* (1929)

Philosophe allemand du **début du XXe siècle**, Edmund Husserl est considéré comme **le fondateur de la phéno-ménologie**, bien que Hegel ait écrit une *Phénoménologie de l'esprit* en 1807. Husserl a pour objectif de **faire de la philosophie une science rigoureuse qui exclut toute incertitude**.

Cependant la science elle-même, appuyée sur des hypo-thèses et des axiomes, présente une part d'incertitude. La philosophie de Husserl développe donc des conceptions qui précèdent la science et les démonstrations de la raison, qui mettent au jour le fonctionnement de la pensée avant qu'elle n'use de la raison et de la logique. Autrement dit, il s'agit de **décrire le fonctionnement de la pensée avant la science, la raison et la logique**.

Le vocabulaire parfois difficile des dix ouvrages de Husserl traduits en français ne doit pas masquer ce qui fait l'essentiel de la phénoménologie. Il s'agit d'une pensée qui demande à chacun de retrouver en soi la simplicité de la découverte du monde sans pour autant renoncer à tout ce que nous avons appris.

BIOGRAPHIE

UNE FORMATION SCIENTIFIQUE

Edmund Husserl **nait en 1859** à Prossnitz, une ville appartenant aujourd'hui à la République tchèque mais située alors au sein de l'**Empire austro-hongrois**. Ses parents, Adolf Abraham Husserl et Julie Selinger, sont tous deux d'ascendance juive.

En **1876 et 1877**, âgé de dix-sept ans, le jeune homme suit pendant trois semestres les **cours de physique, d'astronomie et de mathématiques à l'université de Leipzig**, en Allemagne. Puis, à partir de **1878**, il passe trois années à l'**université de Berlin**, où il étudie principalement **les mathématiques**, tout en se consacrant parallèlement à **la philosophie**. Il soutient sa **thèse de philosophie en 1882** : il devient ainsi docteur en philosophie à l'âge de vingt-trois ans, grâce à un travail consacré au calcul des variations et à sa signification philosophique. En 1883, il rentre en Autriche et suit, à Vienne, l'enseignement philosophique et psychologique de **Franz Brentano** (1838-1917) avec qui il se lie d'amitié.

Dès sa jeunesse, Husserl possède donc de solides connaissances scientifiques, doublées d'une très vaste culture philosophique. C'est bien ce qui lui permet d'interroger les rapports entre la connaissance et le sens de l'existence en général.

UNE CARRIÈRE UNIVERSITAIRE BRILLANTE

Husserl enseigne ensuite, à partir de **1887**, la philosophie à l'**université de Halle**, en Allemagne, en tant que *Privatdocent* (enseignant libre non rémunéré). Il ne devient **professeur titulaire** qu'en **1894**. Puis, en **1916**, il est appelé comme professeur à l'**université de Fribourg-en-Brisgau,** toujours en Allemagne. Il y enseignera jusqu'à sa retraite, en 1928.

Tout au long de sa carrière universitaire, il écrit des **ouvrages philosophiques** et présente des **conférences**. Il publie ainsi, entre autres :

- *Philosophie de l'arithmétique* (1891) ;
- *Recherches logiques* (1900-1901) ;
- *Idées directrices pour une phénoménologie* (1913) ;
- *Leçons pour une phénoménologie de la conscience intime du temps* (1928) ;
- *Méditations cartésiennes* (1929), le compte-rendu de deux conférences données à la Sorbonne, à Paris ;
- *La Crise des sciences européennes et la phénoménologie transcendantale* (1936), etc.

Sur le plan personnel, la vie de Husserl est d'abord marquée par un changement de religion : d'origine juive, **il se convertit en 1886 au protestantisme** et plus particulièrement au luthéranisme. Il épouse en 1887 Malvina Steinschneider, une institutrice allemande d'ascendance juive elle aussi convertie au luthéranisme. Mais, à l'arrivée des nazis au pouvoir en **1933**, Husserl est **radié du corps enseignant**

de Fribourg à cause de ses origines juives. Bien qu'il n'enseigne plus à cette époque, il se voit refuser l'entrée à la bibliothèque de l'université et les autorités nazies souhaitent détruire l'ensemble des œuvres qu'il n'a pas encore publiées. Heureusement, un prêtre belge, le père Van Breda, les emporte clandestinement à Louvain, en Belgique. C'est pourquoi, on trouve dans cette ville, encore aujourd'hui**, les « Archives Husserl »**, dont une partie importante n'a pas encore été publiée.

Husserl **meurt en 1938** à Fribourg-en-Brisgau.

BON À SAVOIR

Le **protestantisme** est un courant religieux né en Europe aux XVe et XVIe siècles en réaction aux excès du clergé de l'Église catholique, notamment des papes, qui vivent dans le luxe et font commerce de la grâce divine. Selon ce mouvement, la Bible est la seule autorité légitime en matière de religion et chacun doit pouvoir recevoir la foi en la lisant par soi-même : c'est pourquoi les premiers protestants traduisent les Écritures, afin qu'elles ne soient plus réservées à une élite latiniste. **Martin Luther** (1483-1546) est considéré comme le père du protestantisme. Le **luthéranisme** est donc une doctrine protestante se réclamant des thèses de Luther.

UNE INFLUENCE MAJEURE SUR LA PHILOSOPHIE DU XXᵉ SIÈCLE

Husserl est **l'un des plus grands penseurs de la philosophie contemporaine** car il est le fondateur d'une nouvelle manière de philosopher, la phénoménologie. Emmanuel **Levinas** (1906-1995), Martin **Heidegger** (1889-1976), Jean-Paul **Sartre** (1905-1980), Maurice **Merleau-Ponty** (1908-1961), Paul **Ricœur** (1913-2005) et Jacques **Derrida** (1930-2004) comptent parmi **ses héritiers les plus célèbres**.

Mais cette transmission de la phénoménologie aux générations suivantes ne s'accomplit pas sans difficultés. Heidegger rédige avec Husserl l'article « Phénoménologie » de l'*Encyclopædia Britannica*, or des dissensions et des heurts apparaissent entre les deux penseurs à l'occasion de cette collaboration : ils ne sont pas d'accord sur la place à accorder aux phénomènes de conscience. Husserl sort très affecté de ces difficultés car il voyait en Heidegger, qui lui succède à l'université de Fribourg, son continuateur le plus dévoué.

Toujours est-il que les interrogations phénoménologiques de Husserl constituent encore aujourd'hui un des passages obligés de la réflexion philosophique.

CONTEXTE PHILOSOPHIQUE

Comment connaitre quelque chose avec certitude ? Husserl montre que ce problème n'a pas vraiment été résolu par les philosophes qui l'ont précédé depuis Platon (vers 427-347 av. J.-C.). Il confronte donc sa pensée aux grandes théories philosophiques de la connaissance afin d'en montrer les limites et de préciser sa propre interrogation.

LA CRITIQUE DES IDÉES DE PLATON

Platon pense qu'**il n'y a de connaissance véritable que de ce qui est éternel et immuable**. On ne peut connaitre vraiment le monde qui nous entoure, c'est-à-dire **le monde visible, matériel, sensible, que l'on aperçoit par l'intermédiaire des sens**, car il **est multiple, changeant et condamné à disparaitre**. Par exemple, on peut observer toutes sortes de triangles, depuis les triangles quelconques jusqu'aux triangles équilatéraux en passant par les triangles rectangles et isocèles. Mais tous ne sont que des images d'une réalité que l'on ne peut que concevoir par l'esprit, qui est la définition vraie du triangle (une figure à trois côtés dont les angles sont égaux à 180°).

Au contraire, **l'intelligence permet de découvrir des Idées éternelles et immuables** : la définition d'un triangle est éternelle et ne change pas. Quel que soit le nom qu'on lui donne et la présence ou non de triangles dans le monde, on pourra toujours concevoir une telle figure. Et il en va de même pour toutes les choses du monde sensible : il existe une Idée vraie de chaque chose naturelle (les arbres, les minéraux, etc.), mais aussi de chaque notion abstraite (le beau, le bien, etc.), à laquelle on accède par l'esprit. Ainsi, les Idées sont en quelque sorte les modèles parfaits d'après lesquels les objets du monde visible sont formés.

Par conséquent, selon Platon, l'Idée vraie d'une chose est plus réelle que la chose en elle-même dans la mesure où la chose va changer et disparaitre tandis que l'Idée restera la même pour l'éternité.

BON À SAVOIR

L'**Idée**, chez Platon, n'est pas une pensée subjective. Elle désigne la définition vraie de la chose, qui existe indépendamment de nos avis particuliers. Elle constitue donc la réalité objective, qui existe dans le monde intelligible ou monde des Idées, par opposition au monde sensible. L'idéalisme, en philosophie, consiste à affirmer que les Idées sont plus réelles que le monde sensible qui nous entoure, qui n'en est que la copie.

Husserl critique la théorie platonicienne des Idées :

- selon lui, **ce n'est pas parce qu'il y a**, notamment en mathématiques, **des vérités qui n'existent que pour l'intelligence, qu'il n'y a pas de vérités dans le monde concret ;**
- **notre esprit ne peut pas être considéré comme le seul critère de la réalité et de la vérité.** Ce n'est pas parce que la définition du triangle que nous concevons est vraie

pour tous les esprits de manière éternelle et immuable que nous avons la faculté de connaitre l'ensemble de la réalité par l'esprit. Ce n'est pas parce que nous ne pouvons pas penser en même temps une chose possédant deux propriétés contradictoires, comme par exemple que ce mur soit à la fois jaune et vert, ou qu'un triangle ait quatre côtés, qu'il est absolument impossible qu'une telle chose existe. Peut-être que la réalité est plus vaste que les limites de notre intelligence.

LES LIMITES DE L'EXPÉRIENCE

Selon les philosophes empiristes, notamment **John Locke** (1632-1704) ou **David Hume** (1711-1776), **la connaissance provient de l'expérience**, c'est-à-dire du rapport que nous avons avec les choses qui nous entourent.

BON À SAVOIR

L'**empirisme** est un courant philosophique qui pense que toute connaissance vraie provient de l'expérience (*empeiria*, en grec). L'expérience désigne toutes les pensées qui sont issues de l'extérieur de l'individu, par l'intermédiaire de la sensation ou de la perception. Le premier des philosophes empiristes, John Locke, écrit dans son *Essai sur l'entendement humain* : « Il n'y a pas d'idée qui n'ait d'abord sa source dans l'expérience. »

En effet, selon ces penseurs, lorsque l'on fait l'expérience de quelque chose, on croit la connaitre vraiment. Par exemple, lorsque l'on visite un pays étranger, on est surs que ce pays existe vraiment, et pas seulement dans les témoignages de nos amis ou de la télévision, et l'on aperçoit toutes les différences qui le distingue des endroits que l'on connait déjà. On peut alors dire à autrui : « Tu ne peux pas comprendre ce qu'est vraiment ce pays, tu ne t'y es jamais rendu ! »

Toutefois, **Husserl** remarque que **l'expérience ne peut pas produire de connaissance universelle**, c'est-à-dire valable pour tous, partout et toujours. Ainsi, si quelqu'un d'autre se rend dans le même pays étranger que nous, il n'en développera probablement pas la même vision. Par conséquent, **l'expérience ne produit que des vécus, qui diffèrent d'une personne à l'autre**.

L'INTERROGATION D'HUSSERL

Se demander comment parvenir à la vérité revient à se poser une question existentielle : le monde de la vérité existe-t-il avant que nous ne pensions par nous-mêmes ou devons-nous créer nos propres connaissances à partir de nos expériences ? Aux yeux d'Husserl, **aucune de ces possibilités n'est vraiment satisfaisante** :

- soit notre pensée et nos avis particuliers n'ont aucune valeur et nous devons apprendre à connaitre un monde à partir d'une vérité qui existe déjà ;
- soit nous risquons de ne comprendre que ce dont nous faisons nous-mêmes l'expérience et nous courons alors le danger de nous enfermer dans des vécus subjectifs sans pouvoir les partager avec autrui.

Husserl, tout comme René Descartes (1596-1650) avant lui, cherche une manière de parvenir à une connaissance vraie et objective à partir de la seule pensée du sujet, sans supposer l'existence d'une vérité qui existerait avant cette pensée. Son premier constat est le suivant : il n'y a pas de domaine de référence qu'il suffirait de déchiffrer pour avoir des connaissances vraies. Autrement dit, **il n'y a pas de vérité qui existe avant la pensée de chacun, ni de choses du monde qu'il faudrait avoir observées pour parvenir à la vérité**.

En cela il s'inspire de son maitre, Brentano : **chacun de nous n'est certain que d'une chose, c'est d'avoir des pensées**. Mais ces pensées peuvent être :

- **soit des connaissances**, lorsque l'on voit clairement ce qu'est la chose à laquelle on pense ;
- **soit des illusions**, lorsque l'on risque de la confondre avec autre chose.

Comment alors, à partir des pensées qui sont les seules choses qui existent vraiment pour nous, parvenir à éviter l'illusion et atteindre la connaissance ?

PENSÉE ET APPORT

LA RÉDUCTION, POINT DE DÉPART DE LA PHÉNOMÉNOLOGIE

Le monde, un ensemble de phénomènes

Selon Husserl, tout sujet possède à l'origine une attitude naturelle qui est la suivante : **chacun vit dans le monde et croit que les choses qui l'entourent sont réelles**. Comment agir si tel n'était pas le cas, si on s'interrogeait constamment sur la réalité du monde ? En effet, il nous faut croire que notre environnement n'est pas le produit factice d'un génie trompeur, pour avoir confiance dans le monde et dans nos actions. Si le monde n'était qu'une illusion, serait-il vraiment utile de mobiliser tous nos efforts pour obtenir ce que nous voulons ?

Cependant **cette attitude naturelle de confiance vis-à-vis du monde n'est pas une connaissance** : elle ne suffit pas lorsque l'on cherche à accéder à la certitude de l'existence des choses. **René Descartes** (1596-1650) a bien montré pourquoi nous ne pouvons pas faire confiance au monde qui nous entoure :

- voir, sentir, entendre ou toucher quelque chose ne signifie pas que cette chose existe réellement, puisque nous avons parfois des hallucinations ;
- lorsque nous dormons, nous croyons à la réalité de ce que nous vivons en rêve, autant qu'à celle du monde lorsque nous sommes éveillés. Dès lors, qu'est-ce qui nous assure

que ce que nous appelons « état de veille » n'est pas une sorte de sommeil pendant lequel nous rêvons ? ;

- il se pourrait même que le monde dans son ensemble soit la création d'un malin génie, d'un Dieu qui ne l'aurait créé que pour s'amuser à nous tromper en le changeant sans cesse.

Husserl reprend à son compte le doute de Descartes et montre que nous n'avons affaire qu'à des « phénomènes ». Plus précisément, **ce que nous appelons « monde » n'est que l'ensemble des choses telles que nous les percevons**, sans savoir si ce que nous percevons est la réalité ou une illusion (<u>citation 1</u>).

BON À SAVOIR

En philosophie, un **phénomène** désigne ce qui apparait à la conscience d'un individu qui pense, en relation avec sa connaissance passée, ses souvenirs, ses désirs, etc. Par exemple, le tonnerre peut me faire peur : ceci est un phénomène, qui est l'interprétation par un sujet d'un fait qui lui est extérieur, à partir de ses propres états de conscience. Le phénomène s'oppose à la chose en soi, c'est-à-dire la chose telle qu'elle est indépendamment de l'interprétation de celui qui l'observe. En l'occurrence, le tonnerre est un bruit produit par l'expansion brutale de la fine colonne d'air qui a été chauffée très rapidement par la foudre au cours d'un orage. Ce qui est très différent de la peur ou de la menace qu'il peut représenter.

La suspension du jugement ou épochè

Le problème est donc de **distinguer, parmi les phénomènes que nous percevons :**

- **ceux qui sont bien réels**
- **de ceux qui ne sont que des illusions.**

Husserl utilise alors le terme grec d'*épochè*, qui signifie la **suspension du jugement**. Puisque l'on peut toujours douter de la réalité du monde, il convient de ne plus se poser cette question. Pratiquons l'*épochè*, suspendons notre jugement, ne nous demandons plus si le monde est réel ou non. Dans cette réduction à notre point de vue immédiat, nous apercevrons le fonctionnement de la pensée isolée du monde.

> ### BON À SAVOIR
>
> Le terme grec ***épochè***, qui signifie la suspension du jugement, est d'abord utilisé par les philosophes sceptiques de l'Antiquité. Après avoir fait le tour de la connaissance, ces derniers en arrivent à la conclusion qu'on ne peut rien savoir. Il faut donc suspendre son jugement et ne rien affirmer. Ce terme désigne alors la fin de la recherche philosophique. Chez Husserl au contraire, l'*épochè* est un point de départ qui donnera naissance à de nouvelles découvertes, tout comme le doute méthodique permet chez Descartes la mise au jour du *cogito* (« Je pense donc je suis »).

L'intentionnalité de la conscience

Alors que Descartes cherchait un moyen d'accéder à une connaissance indubitable et rejetait tout ce qui est douteux, tout ce dont la réalité n'est pas certaine, Husserl préfère laisser de côté l'interrogation sur la réalité du monde. Il estime qu'il est plus fondamental de s'intéresser à notre manière de penser les choses, qu'elles soient réelles ou illusoires. Plus précisément, il porte son intérêt sur **la manière dont les choses apparaissent à la conscience**, existent comme des phénomènes. D'où le développement d'une science des phénomènes, appelée « phénoménologie ».

Il montre ainsi que **toute pensée, c'est-à-dire toute conscience, vise toujours une chose**, ou un ensemble de choses particulier, en la mettant en avant par rapport au reste des choses du monde, qui passe alors au second plan. Par exemple, lorsque l'on aperçoit une maison par le biais de la vue, cette maison nous apparait à l'esprit alors que tout ce qui se trouve autour d'elle passe au second plan. Elle requiert toute notre attention, sans que l'on se demande déjà ce qu'elle est et pourquoi elle existe. De même, lorsque l'on se souvient d'une maison, on n'en a pas une image quasi photographique à l'esprit. Au contraire, tel aspect particulier de la maison nous apparait d'abord, comme sa couleur, sa forme, etc., tandis que le reste de ses propriétés demeure dans une sorte de flou.

C'est ce que le philosophe appelle **l'intentionnalité de la conscience**, un concept emprunté à Brentano. Ici, l'intentionnalité ne désigne pas un acte de la volonté, comme c'est le cas dans le langage courant, c'est-à-dire l'intention de faire quelque chose. Il s'agit de notre manière de penser qui consiste à faire apparaitre à la conscience un objet particulier ou une propriété particulière d'un objet. Et nous pouvons viser intentionnellement des choses illusoires, qui n'existent pas : on peut se rendre une licorne présente à l'esprit, par exemple. En somme, l'intentionnalité désigne donc **la particularité de la conscience d'être toujours conscience de quelque chose**, qu'il s'agisse d'un objet réel ou non (<u>citation 2</u>).

L'ORIGINE DE LA CONNAISSANCE ET LA VÉRITÉ

La vision des essences

<u>BON À SAVOIR</u>

En philosophie, on appelle « **essence** » ce qui, dans un être (qu'il s'agisse d'un individu vivant ou d'une chose), ne change pas. C'est ce qui fait son identité, sa nature profonde.

Comment identifier clairement les choses qui apparaissent à notre conscience, en dehors du problème de leur existence ? Comment connaitre ce qu'elles sont vraiment, c'est-à-dire leur essence, en dehors du fait de savoir si elles existent ? En effet, Husserl montre qu'il n'est pas nécessaire que la chose existe pour qu'elle ait une essence.

Selon Husserl, il existe **deux manières de saisir l'essence**

des choses :

- soit grâce aux **intuitions issues de l'expérience**, mais alors on risque de tomber dans des vécus particuliers ;
- soit grâce à des **intuitions fictives** (citation 3). Cette seconde manière est beaucoup plus assurée, car elle ne s'appuie que sur les capacités et les limites de la conscience de chacun.

Le philosophe montre ainsi que **l'imagination joue un rôle actif pour éclaircir les phénomènes qui apparaissent à la conscience**. Il y a toutefois une limite à l'imagination : nous pouvons bien imaginer une sirène ou une licorne, mais nous ne pouvons pas imaginer une sirène qui soit en même temps une licorne ou encore un cercle carré. Alors que toutes les philosophies de la connaissance, et celle de Descartes en premier lieu, considéraient l'imagination comme la première source d'erreur, Husserl montre au contraire qu'elle est le principe de toute connaissance.

Plus précisément, **il faut faire varier par l'imagination l'objet dont on a conscience, pour découvrir quelles sont les caractéristiques qu'on ne peut absolument pas lui ôter sans le faire disparaitre**. Ces caractéristiques appartiennent alors à l'essence de l'objet, qu'il existe réellement en dehors de notre conscience ou non. Par exemple, nous pouvons imaginer un récipient de n'importe quelle couleur : la couleur n'appartient pas à l'essence du récipient. Mais nous ne pouvons pas imaginer un récipient sans une surface concave où l'on puisse déposer des choses : la concavité appartient donc à l'essence du récipient.

Ainsi, **l'origine de la connaissance est finalement ce que Husserl appelle une « vision des essences »** (citation 4) : l'essence des choses nous est donnée à l'intérieur de notre conscience, sans expérience du monde sensible et sans supposer un monde intelligible qui existerait en dehors de nous. La conscience seule nous permet de voir, de manière interne, ce que sont les choses, leur nature. Cette conception de l'origine de la connaissance constitue l'un des apports principaux de la phénoménologie de Husserl.

La signification

Cette vision des essences, qu'elle soit parfaitement claire ou qu'elle soit confuse, **nous donne la signification des choses**, avant même que nous n'en fassions l'expérience et avant même d'entrer en communication avec autrui. Grâce aux variations de l'imagination, nous pouvons faire apparaitre la chose en personne à notre conscience, c'est-à-dire de manière particulière, sans la confondre avec autre chose. Par exemple, lorsque nous faisons varier la conscience que nous avons d'un carré, nous remarquons que sa taille n'a pas d'importance. Le fait qu'il ait quatre côtés égaux et quatre angles droits, par contre, lui est essentiel, et nous suffit pour le distinguer des rectangles et des parallélogrammes. Alors nous nous représentons le carré dans toute son individualité : nous pourrons le reconnaitre à chaque fois qu'il se présentera devant nous.

C'est bien ce que Husserl appelle la « signification » : **nous sommes capables, tout seuls, de donner un sens, c'est-à-dire d'attribuer des particularités individuelles, aux choses qui apparaissent à notre conscience.**

L'évidence

Cependant, **attribuer un sens aux choses ne signifie pas encore qu'on les connait**, même s'il s'agit du point de départ de la connaissance selon Husserl. La signification est subjective : elle exprime la manière dont la chose apparait individuellement au sujet et non une connaissance qui demeure identique quelle que soit la personne qui la possède. Or Husserl entend fonder une connaissance qui ne laisse place à aucune incertitude.

Puisque l'expérience, le recours à une vérité abstraite qui existerait indépendamment de chacun de nous et le dialogue avec autrui ont été mis de côté – car ils ne représentent pas l'origine véritable de la connaissance –, **la conscience doit parvenir seule à la vérité**. Celle-ci ne réside pas dans l'adéquation entre la pensée et son objet, puisque l'on ne sait pas si l'objet existe réellement. Par conséquent, **la vérité ne peut être définie que comme un état dans lequel le sujet est certain d'apercevoir ce qui est : c'est l'évidence** (citation 5). Elle est le moment où la conscience aperçoit la chose même, sans aucune confusion ni équivoque. Alors la signification n'est plus seulement subjective, mais peut être considérée comme objective.

La vérité est alors **une quête jamais tout à fait achevée** : il s'agit d'éclaircir toujours plus les essences, pour parvenir à des évidences, en révisant et en corrigeant la signification des phénomènes pour nous, par le biais des variations de l'imagination. On peut ainsi parvenir à connaitre des choses particulières, mais aussi des domaines généraux.

Cette conception de la connaissance a deux implications :

- **la connaissance est purement formelle** : elle concerne la possibilité idéale d'une chose, et non sa réalité, puisqu'à aucun moment il n'est question de l'existence de la chose à l'extérieur de notre conscience. De ce point de vue, **Husserl crée une connaissance logique universelle** : il s'agit de savoir si une chose individuelle est possible et non si elle existe en dehors de nous ;
- **cette logique appartient au sujet**, à celui qui connait les choses du monde. Il est donc nécessaire de développer, parallèlement, une réflexion sur le sujet lui-même.

L'IDENTITÉ PERSONNELLE ET LA CONNAISSANCE DE SOI

Le sujet transcendantal

Husserl dit que **le sujet est « transcendantal »** : s'il y a des phénomènes qui apparaissent dans une conscience, c'est qu'il y a un sujet qui peut dire « je pense, c'est moi qui prends conscience de toutes ces choses selon les mécanismes de ma propre pensée ». Dès lors, **le sujet, ou ego, est le principe d'organisation de l'apparition des phénomènes dans la conscience** (citation 6).

BON À SAVOIR

Le **transcendantal** désigne, dans la philosophie d'Emmanuel Kant (1724-1804), ce qui rend possible la connaissance. Ainsi, on appelle « sujet transcen-

Ainsi, comme Kant avant lui, Husserl montre qu'il existe **deux manières de concevoir le sujet** :

- **le sujet est celui qui possède, à la manière d'un récipient ou d'un contenant, des idées, des pensées, des sentiments, des expériences, etc**. Il s'agit alors du sujet tel qu'il est envisagé par la psychologie au moment où Husserl rédige ses ouvrages philosophiques. On l'appelle le « **moi concret** » ;
- **le sujet au sens transcendantal n'est pas le simple contenant des pensées, des sentiments, des expériences**, mais il est celui qui se donne à lui-même des pensées, des idées, des expériences, etc. Il est **toujours actif**, même de manière inconsciente, car il donne sens aux vécus. Il s'agit du « **moi transcendantal** ».

Lorsque l'on se demande qui l'on est, on remarque qu'**il est impossible de se connaitre en tant que moi concret**. En effet, si nous n'étions que le réceptacle de nos impressions et de nos pensées, nous n'aurions aucun recul pour nous observer nous-mêmes. Nous serions toujours celui qui a telle idée ou tel sentiment à tel moment, mais nous changerions du tout au tout d'un instant à l'autre, en fonction des idées qui nous traversent et des impressions que nous recevons de l'extérieur. Nous passerions ainsi d'une identité à l'autre comme un comédien qui change sans cesse de rôle.

Mais **peut-on se connaitre soi-même comme sujet trans-cendantal ?** Peut-on savoir qui est celui qui donne du sens à ses propres vécus ?

Le moi pur

Ce problème est déjà posé et résolu par **Kant** dans sa *Critique de la raison pure* (1781-1787). Cependant la solution qu'il apporte ne satisfait pas tout à fait Husserl : le sujet transcendantal, selon Kant, est celui qui dispose des règles de la raison pour comprendre le monde. Ainsi, comme la raison est universelle, tous les hommes ont la même manière de voir les choses, donc la même manière de comprendre le monde. Lorsque nous essayons de savoir qui nous sommes, **nous ne parvenons qu'à connaitre l'homme en général**, sans comprendre qui nous sommes de manière individuelle.

Husserl montre qu'**une connaissance de soi en tant qu'individu particulier est possible**, à partir de la réduc-tion phénoménologique. Lorsque nous suspendons notre jugement quant à la réalité du monde, les choses continuent d'apparaitre à notre conscience, même si on ne sait pas si elles sont réelles ou non, et nous leur attribuons indivi-duellement du sens. Ainsi, **chaque sujet transcendantal possède une « vie de conscience » qui lui est propre** et qui ne peut absolument pas lui être enlevée. C'est ce que

Husserl appelle **le « moi pur »**. Nous pouvons alors réfléchir à la manière dont notre conscience fait apparaitre le monde, c'est-à-dire au style de notre « vie de conscience ». C'est ce qu'Husserl appelle la réflexion « noématique ».

Selon Husserl, **le moi pur prouve que nous existons réellement**, avec tous les contenus de notre vie de conscience. Aucun doute et aucune suspension du jugement quant à l'existence du monde ne peut nous enlever notre vie de conscience. Mais elle n'est pas et ne sera jamais une véritable connaissance de soi dans la mesure où **la réflexion noématique, qui cherche à savoir qui nous sommes, ne peut pas être objective**. Elle ne retient que l'ensemble des intentionnalités que nous avons eues par le passé : nous pouvons bien savoir qui nous avons été jusqu'à présent, mais nous avons toujours la capacité de changer à l'avenir, de devenir autre (citation 7). Le discours sur soi risque toujours de paraitre un bavardage stérile, au regard des possibilités à venir de la vie de conscience. Une connaissance pleine et entière de soi-même ne pourrait être achevée qu'avec l'existence elle-même, à la mort de l'individu.

Selon Husserl, ce que nous appelons « **monde** » n'est que **l'ensemble des phénomènes que nous percevons**, sans savoir s'ils sont réels ou non. Puisque l'on peut toujours douter de leur réalité, le philosophe préconise **la suspension du jugement ou *épochè*** : il faut suspendre notre jugement sur la réalité du monde, pour apercevoir comment fonctionne notre pensée.

On remarque alors que toute conscience vise toujours une chose en particulier. C'est ce que Husserl appelle **l'« intentionnalité de la conscience »**.

Cependant, ce qui nous apparait à la conscience n'est pas clair. Il faut alors trouver un moyen de parvenir à **identifier clairement les essences des choses**, en dehors de la question de leur existence. Pour cela, le philosophe propose deux voies : l'expérience empirique et **l'imagination**. Selon lui, il s'agit de faire varier par l'imagination l'objet auquel on pense afin de découvrir quelles sont les caractéristiques qu'on ne peut en aucun cas lui ôter sans le faire disparaitre : ces caractéristiques forment son essence. Ainsi, **l'essence des choses nous est donnée à l'intérieur de notre conscience**. Cela signifie que la conscience doit parvenir seule à la vérité, définie comme évidence.

Husserl développe alors une réflexion sur le sujet lui-même, dont il dit qu'il est « transcendantal » : **le sujet est le principe d'organisation de l'apparition des phénomènes dans la conscience**. Est-il possible de se connaitre soi-même comme sujet transcendantal ? Selon le philosophe, lorsque nous réfléchissons à la manière dont nous prenons conscience des choses, nous comprenons en partie qui nous sommes.

Votre avis nous intéresse !
Laissez un commentaire sur le site de votre librairie en ligne
et partagez vos coups de cœur sur les réseaux sociaux !

POUR ALLER PLUS LOIN

- BARBARAS (Renaud), *De l'être du phénomène*, Grenoble, J. Million, 1991.
- BENOIST (Jocelyn), *Les Limites de l'intentionnalité*, Paris, Vrin, 2005.
- DERRIDA (Jacques), *La Voix et le Phénomène, introduction au problème du signe dans la phénoménologie de Husserl*, Paris, PUF, 1967.
- ENGLISH (Jacques), *Le Vocabulaire de Husserl*, Paris, Ellipse, 2009.
- HUSSERL (Edmund), *Idées directrices pour une phénoménologie*, traduction de Paul Ricœur, Paris, Gallimard, 1950.
- HUSSERL (Edmund), *La Crise des sciences européennes et la phénoménologie transcendantale*, traduction de Gérard Granel, Paris, Gallimard, 1976.
- HUSSERL (Edmund), *L'Idée de la phénoménologie*, traduction d'Alexandre Lowit, Paris, PUF, 1992.
- HUSSERL (Edmund), *Méditations cartésiennes*, traduction de Gabrielle Peiffer et d'Emmanuel Levinas, Paris, Vrin, 1992.
- HUSSERL (Edmund), *Recherches logiques*, 4 tomes, traduction d'Hubert Élie, d'Arion L. Kelkel et de René Scherer, Paris, PUF, 2003-2011.
- LEVINAS (Emmanuel), *En découvrant l'existence avec Husserl et Heidegger*, Paris, Vrin, 2001.
- LYOTARD (Jean-François), *La Phénoménologie*, Paris, PUF, 1954.
- RICŒUR (Paul), *À l'école de la phénoménologie*, Paris, Vrin, 2004.

TESTEZ VOS CONNAISSANCES !

ASSOCIEZ CHAQUE CITATION À L'EXPLICATION QUI LUI CORRESPOND

Citation 1 : « [...] l'expérience sensible universelle, dans l'évidence de laquelle le monde nous est perpétuellement donné, ne saurait être considérée [...] comme excluant la possibilité de douter de l'existence du monde [...]. Bien plus, tout l'ensemble d'expériences, dont nous pouvons embrasser l'unité, peut se révéler simple apparence et n'être qu'un "rêve cohérent". » (*Méditations cartésiennes*, Paris, Vrin, 1969)

Citation 2 : « Ainsi, tout état de conscience en général est, en lui-même, conscience de quelque chose, quoi qu'il en soit de l'existence réelle de cet objet. » (*Méditations cartésiennes*, Paris, Vrin, 1969)

Citation 3 : « [...] pour saisir une essence en personne et de façon originaire, nous pouvons partir d'intuitions empiriques correspondantes, mais aussi d'intuitions sans rapport avec l'expérience et n'atteignant pas l'existence, d'intuitions "purement fictives". » (*Idées directrices pour une phénoménologie*, Paris, Gallimard, 1950)

Citation 4 : « [...] la pensée qui porte sur les essences pures – la pensée sans contamination, sans mélange du fait et de l'essence – requiert pour fondement sous-jacent la vision des essences. » (*Idées directrices pour une phénoménologie*, Paris, Gallimard, 1950)

Citation 5 : « L'évidence est un mode de la conscience d'une distinction particulière. En elle, une chose, un "état de chose", une généralité, une valeur, etc., se présentent eux-mêmes, s'offrent et se donnent "en personne". » (*Méditations cartésiennes*, Paris, Vrin, 1969)

Citation 6 : « Je ne puis vivre, expérimenter, penser, je ne puis agir et porter des jugements de valeur dans un monde autre que celui qui trouve en moi et tire de moi-même son sens et sa validité. » (*Méditations cartésiennes*, Paris, Vrin, 1969).

Citation 7 : « L'ego existe pour lui-même ; il est pour lui-même avec une évidence continue et, par conséquent, il se constitue continuellement comme existant. » (Husserl Edmund, *Méditations cartésiennes*, Paris, Vrin, 1969).

Explication a : nous ne pouvons pas nous connaitre entière-ment nous-mêmes : nous sommes surs que nous existons, avec une vie de conscience, et nous pouvons savoir ce que nous avons été jusqu'à présent, mais nous avons toujours la capacité de devenir autre.

Explication b : chaque individu possède une « vie de conscience » qui lui est propre et qui ne peut lui être enlevée.

Explication c : l'intentionnalité désigne la particularité de la conscience de n'être jamais vide, d'être toujours consciente de quelque chose, même si on ne sait pas si l'objet de notre pensée existe réellement ou non.

Explication d : il existe deux manière de saisir la nature des choses : soit grâce aux intuitions issues de l'expérience sensible, soit grâce à l'imagination.

Explication e : le sujet est transcendantal, ce qui signifie qu'il organise son propre monde en donnant une signification à ses propres contenus de conscience. Le monde n'a pas de signification sans un sujet qui lui donne du sens.

Explication f : puisque l'on peut toujours douter de la réalité du monde, il convient de suspendre son jugement sur l'existence réelle des choses ; il s'agit de l'épochè ou suspension du jugement.

Explication g : la pensée peut parvenir à des connaissances vraies toute seule ; c'est ce qu'on appelle l'évidence.

Explication h : pour saisir l'essence d'une chose, il faut la faire varier par l'imagination, dans le but de découvrir les caractéristiques qu'on ne peut lui ôter sans la faire disparaitre.

Explication i : la nature profonde des choses nous est donnée par une vision interne, et c'est cette vision qui sert de fondement à toute connaissance.

Explication j : le monde n'est que l'ensemble des phénomènes que nous percevons ; par conséquent, il pourrait bien n'être qu'une illusion.

Rendez-vous sur lepetitphilosophe.fr et découvrez :

Plus de 1200 analyses
Claires et synthétiques
Téléchargeables en 30 secondes
À imprimer chez soi

www.lepetitphilosophe.fr

ISBN version numérique : 978-2-8062-4946-3
ISBN version papier : 978-2-8080-0108-3
Dépôt légal : D/2017/12603/492

Conception numérique : Primento,
le partenaire numérique des éditeurs.

Made in the USA
Monee, IL
07 July 2026